Nebelgestaltung der Nacht

Im Nebel der stillen Nacht,
Sind die Sterne wach und sacht,
Verborgenes wird so klar,
Im Traum, da die Welt wunderbar.

Schleier umhüllen die Welt,
Sorgsam und sanft gesellt,
Zu den Träumen ungezählt,
Wo alles ins Ungewisse fällt.

Nebelgestalten ziehn vorbei,
Flüstern Lieder, still und frei,
Flüchtig wie ein Engelsgruß,
Von der Nacht in sanftem Fluss.

Zwischen Schatten und Licht,
Bricht der Morgen langsam sich,
Nebel weicht, der Tag erwacht,
Und endet die gestohlene Nacht.

Schleier der Dämmerung

Im sanften Schein des Abends,
wenn die Schatten sich neigen,
webt die Nacht ihr zartes Kleid,
voller dunkler Geheimnisse blieben.

Ein Hauch von Stille,
in der Lüfte verweilt,
die Sterne blinken leise,
als der Schlaf uns eilt.

Unter dem Schleier der Dämmerung,
tanzt der Mond in stiller Ruh,
die Welt versinkt in Träumen,
und lässt den Tag in Frieden zu.

Verborgene Horizonte

Jenseits der Berge,
hinter dem Horizont verborgen,
warten unerforschte Welten,
im goldenen Morgen.

Verborgene Träume,
flüstern leise im Wind,
ein Ruf ins Unbekannte,
wo neue Abenteuer sind.

Die Ferne lockt und ruft,
mit Zielen, die so klar,
wir folgen ihren Pfaden,
auf Reisen wunderbar.

Flüstern des Morgennebels

Im sanften Flüstern des Morgennebels,
erwacht die Welt in weichem Glanz,
die Nacht verzieht sich leise,
im ersten Strahlenkranz.

Wiesentäler liegen still,
bedeckt mit Perlentau,
das Licht bricht durch den Schleier,
und färbt den Himmel blau.

Der Tag beginnt im Zauber,
des frühen Morgentau,
die Welt erstrahlt im Frieden,
im Licht so zart und grau.

Zwischen den Wolkenschleiern

Zwischen den Wolkenschleiern,
tanzt das Licht empor,
ein Spiel aus Leuchten und Schatten,
das Himmelsbett erkor.

Der Wind trägt leise Lieder,
von fernen, unbekannten Zeit,
ein Raunen in den Höhen,
das Herz zur Reise bereit.

Wolken ziehen vorüber,
in sanfter Melancholie,
sie erzählen von Träumen,
in einer stillen Symphonie.

Morgenruhe im Zwielicht

Im Zwielicht der Morgenstille
Erwacht die Welt in Ruh
Die Schatten tanzen sacht und leise
Als träumte alles zu

Ein Hauch von Frische in der Luft
Ein Funkeln auf dem See
Die Wälder flüstern ihre Lieder
Im sanften Morgengrau

Der Tau kühlt zarte Blätter
Sanft wie ein flücht'ger Kuss
Die Vögel stimmen ihre Lieder
Noch ehe die Stadt erwacht

Ein neuer Tag bricht langsam an
Mit sanftem, warmem Schein
Die Ruhe hüllt die Welt in Frieden
Im goldenen Morgenkleid

Verschwunden im Dunst

Im Dunst verschwinden Formen schnell
Die Welt wirkt seltsam leer
Als ob die Zeit sich aufgelöst
Kein Klang dringt an mein Ohr

Die Wege sind in Nebel gehüllt
Verlor'n die Züge zieh'n
Die Farben bleich, die Stimmen stumm
Die Zeit scheint still zu steh'n

Doch in der Ferne ahnt man Licht
Ein Hoffen, zag und leis'
Der Nebel löst sich sacht und sacht
Enthüllt ein neues Ziel

Die Erde atmet tief und frei
Der Dunst verzieht sich bald
Ein neuer Tag, ein frischer Blick
Verwischen Spuren sacht

Mythen des Nebelreichs

In Nebeln weben Mythen sich
Von Geistern und von Heldentagen
Verborg'ne Welten, die uns locken
In Sagen, die von Alter sagen

Die Wälder flüstern leise Lieder
Von Zauber, der im Dunkel wohnt
Von Helden, die im Nebel streifen
Von Mut, der jenseits aller Lohn

Im Grau verschleiert sich die Sicht
Doch Wissen bleibt im Herzen wahr
Die Mythen folgen uns im Schritt
Im Traum aus längst vergang'nem Jahr

Die Nebel lichten sich mit Zeit
Doch Mythen bleiben ungelöst
Ein Hauch von Rätsel, leicht und zart
In unser Sehnen tief verwoben

Geister der Morgendämmerung

Geister der Morgendämmerung
Erwachen aus des Schlafes Tanz
Sie weben Träume in die Luft
Mit Nebelsfäden, schwer und sanft

Sie rascheln durch die Wiesen sacht
Ein Flüstern in den Gräsern
Sie hauchen Leben in die Welt
Bevor sie sich vernebeln

Ihr Wandel bleibt ein Mysterium
Ein Spiel aus Licht und Schatten
Noch eh die Sonne klar erwacht
Sind sie in Dunkelheit verschwunden

Doch ihren Zauber spürst du noch
In jedem Hauch des Morgens
Ein Kuss der Geister auf der Haut
Verwebt mit deinem Träumen

Flüsternde Silhouetten

Im Mondlicht tanzen Schatten
leichte Schritte, sanfter Gang
Nacht schreibt stille Märchen
mit unsichtbarem Schwung

Geisterhafte Zeichen
auf Wänden, stummes Spiel
Nebel trägt Erinnerungen
in die Ferne, in das Ziel

Ein Wispern in den Bäumen
Flügel flüstern in dem Wind
Silhouetten streichen sacht
wo die tiefsten Träume sind

Verschwommene Geschichten
in der Dämmerung geboren
verborgen in den Schatten
niemals ganz verloren

Und wenn der Tag erwacht
verblasst die dunkle Pracht
doch in des Herzens Tiefe
werden sie immer bewacht

Wispernde Schatten

Durch dunkle Wälder ziehen
Geister, die sich nicht zeigen
Hinter jeder Ecke flüstern
heimliche Befreien

Die Monde strahlen milde
silbern flackert ihr Licht
Schatten schlüpfen leise
und erzählen, was sie spricht

Vom alten Turm herab
rieseln Worte fast vergessen
Namen, längst vergangen
über Jahrhunderte versessen

Die Nacht durchwandert Pfade
verwischt des Tages Schein
Schatten wispern zärtlich
im Dunkel nicht allein

Träume flechten Fäden
schwarz wie Ebenholz
verbinden Nacht und Seele
im stillem Zauber stolz

Geflüsterte Legenden

In alten Büchern lesen
wir von einer anderen Zeit
Legenden flüstern sachte
von Ruhm und Dunkelheit

Vergangenheit erwähnen
Heldenmut und Schmerz
Schattenreiche Epen
rufen aus dem Herzensherz

Die Zeilen weben Magie
füllen die Lüfte schwer
Geschichten flüstern leise
träumen von viel mehr

Des Morgens Nebelschleier
trägt ihre Töne fern
Legenden flüstern ewig
von Stern zu Stern

Und in den stillen Stunden
hört man im Wind das Lied
dir erzählen von den Wundern
die niemand je doch sieht

Wispernde Schatten

Durch dunkle Wälder ziehen
Geister, die sich nicht zeigen
Hinter jeder Ecke flüstern
heimliche Befreien

Die Monde strahlen milde
silbern flackert ihr Licht
Schatten schlüpfen leise
und erzählen, was sie spricht

Vom alten Turm herab
rieseln Worte fast vergessen
Namen, längst vergangen
über Jahrhunderte versessen

Die Nacht durchwandert Pfade
verwischt des Tages Schein
Schatten wispern zärtlich
im Dunkel nicht allein

Träume flechten Fäden
schwarz wie Ebenholz
verbinden Nacht und Seele
im stillem Zauber stolz

Geflüsterte Legenden

In alten Büchern lesen
wir von einer anderen Zeit
Legenden flüstern sachte
von Ruhm und Dunkelheit

Vergangenheit erwähnen
Heldenmut und Schmerz
Schattenreiche Epen
rufen aus dem Herzensherz

Die Zeilen weben Magie
füllen die Lüfte schwer
Geschichten flüstern leise
träumen von viel mehr

Des Morgens Nebelschleier
trägt ihre Töne fern
Legenden flüstern ewig
von Stern zu Stern

Und in den stillen Stunden
hört man im Wind das Lied
dir erzählen von den Wundern
die niemand je doch sieht

Still verborgene Geheimnisse

Tief in dunklen Wäldern
verdeckt vom dichten Laub
lieg'n alte, weise Rätsel
im Erdenschweigen taub

Kein Auge hat je gesehen
was verborgen bleibt
Geheimnisse versinken
tief in der Ewigkeit

Die Bäche murmeln leise
Millionen Jahre alt
verbergen stille Geheimnisse
in Wassers sanfter Halt

Sterne funkeln schweigend
träumen den Himmel an
halten still verborgen
was niemand je erfahrn kann

So trägt die Welt die Rätsel
in Herzen, tief und weit
still verborgene Geheimnisse
erzählen von der Zeit

Bewegte Schattenbilder

Im Zwielicht tanzen Silhouetten
jene Geister, die uns lenken
flüchtig wie ein Windhauch sanft
in ihrem Spiel, so unverlöschlich

Träume verweben sich mit Licht
malen Bilder im Verborgenen
unser Herz ist ihre Bühne
von Schatten sacht umhüllt

Jeder Schritt ein Widerschein
von gestern, heute, und dazwischen
unser Dasein flimmert matt
in Schattenbilder verwoben

Geflüstert wird in dieser Nacht
Geheimnisse, die keiner hören konnte
im Spiel der Schattensilhouetten
leise Stimmen uns begleiten

Ein Tanz, der kein Ende kennt
führt uns durch Zeit und Raum hinweg
Bewegte Bilder in der Dunkelheit
sind doch so lebendig bleibend

Ewige Nebelschwaden

Ein Schleier liegt über dem Moor
so dicht, so undurchdringlich
nebelumhüllte Träume verloren
in dieser ewigen Stille

Langsam zieht der Nebel auf
verhüllt die Welt in Grau und Weiß
flüstert Geschichten, endlos alt
in einem Hauch von Ewigkeit

Verloren scheinen unsere Wege
in diesem Nebelmeer versunken
jeder Schritt ein Rätsel mehr
im dunstigen Schleierwelt

Die Zeit scheint hier zu stillen
in Nebelschwaden, endlos weit
kein Anfang und kein Ende
nur ewige Ungewissheit

Ewige Schwaden, stets in Bewegung
bewahren still die alten Sagen
führen uns in Welten weit
wo Träume sich im Nebel weben

Ungehörte Stimmen

Geflüster aus der Schattenwelt
ungehörte Stimmen klingen leise
im Wind verwehen ihre Worte
zu kaum vernehmbaren Melodien

Unsichtbare Seelen singen
im Verborgenen, so ungehört
ihre Lieder voll Geheimnis
in einer Welt, die niemand sieht

Verwunschene Klänge durchdringen
die Stille der verhangenen Nacht
verhallen in der Dunkelheit
was ungesagt für immer bleibt

Unruhige Geister wehen
namenlos durch Zeit und Raum
ihre Stimmen nur ein Hauchen
verloren in der Weltenschatten

Ungehörte Stimmen rufen
aus Tiefen, die wir nicht erahnen
und doch flüstern sie uns leise
von Welten, die im Schatten bleiben

Wabernde Fantasien

Gedanken schweben schwerelos
wabernde Fantasien tanzen
im Reigen der Unendlichkeit
im Geistenspiegel fein verwebt

Träume, die wie Rauch vergehen
doch immer wieder neu entstehen
malen Welten, märchenhaft
die uns durchs Dasein tragen

In bunten Farben leuchten sie
Fantasien, in Träume eingeflochten
jeden Hauch im Nachtwind ein
neues Märchen, das uns lockt

Wie Nebel sich im Wind verweht
so schwindet keine Fantasie
sie bleibt im Geist beständig
trotz flüchtiger Berührung

Wabernd steigen sie empor
Fantasien, endlos weit
tragen uns auf sanften Flügeln
durch die Ewigkeit der Zeit

Melancholie der Dämmerung

Ein Schleier senkt sich auf das Land,
Das Licht verglimmt so sanft im Abend,
Die Schatten wachsen an der Wand,
Die Welt wird still, die Zeit erlabend.

Ein Flüstern dringt aus ferner Zeit,
Vergangne Tage, kaum zu greifen,
Die Dunkelheit, sie webt ihr Kleid,
Berührt das Herz, lässt Kummer reifen.

Ein Vogelsang, so melancholisch,
Verklingt im Hauch der Dämmerung,
Das Herz, es bleibt so sehnsuchtsvoll,
In einer Welt voll Trauerklang.

Die Sterne funkeln leis herauf,
Erinnern uns an alte Zeiten,
Die Nacht sie nimmt den Abschied auf,
Und lässt das Herz in Stille gleiten.

Dunstige Erinnerungen

Ein Nebelschleier zieht vorbei,
Vergangne Zeiten wohl verdunkelt,
Erinnerungen, wie ein Schrei,
Im Herzen tief und sanft entsunkelt.

Die Zeit, sie fließt und lässt uns steh'n,
In einem Hauch aus Fäden fein,
Die Bilder kommen, leicht verweh'n,
Im Dunst der Nacht, so klar und rein.

Ein Lächeln aus der Ferne hallt,
Die Stimmen flüstern leis und sacht,
In Träumen eine Welt entfällt,
Die Gegenwart, die leise wacht.

Die Seele taucht in sanftes Grau,
Im Nebelmeer, so zart verhangen,
Und alles, was wir fühlen bau,
Sind Bilder, spröde und vergangen.

Träume im Nebellicht

Durch Wände aus Nebel, so zart und fein,
Schwebt ein Traum, der ist ganz allein,
Er wandert durch die stille Nacht,
In sanftem Licht, das leise lacht.

Verloren in der weiten Welt,
Durch Schattenwälder hingestellt,
Umhüllt von sanftem Nebelduft,
Gespürt die Zeit, wie sie verpufft.

Die Sterne funkeln durch den Dunst,
Im Herzensschein, der stets gewusst,
Dass Träume sind aus sanftem Licht,
Ein zartes Band, das nie zerbricht.

Die Nacht, sie wiegt die Träume leis,
In ihren Armen, sanft und weiß,
Und Nebellicht, das sie uns schenkt,
Ein Zauber, der das Herz umfängt.

Boten der Stille

Im Morgengrauen sanft erwacht,
Ein Hauch von Frieden in der Luft,
Die Welt, sie schweigt in sanfter Pracht,
Die Nacht verweht, ein zarter Duft.

Des Tages Boten still erscheinen,
Im Wind, im Licht, im Nebelschein,
Sie bringen Stille, die wir meinen,
Und Frieden in das Herz hinein.

Ein Flüstern, das der Wind verweht,
Die Bäume rauschen leis und sacht,
Ein Gruß der Stille, der entsteht,
Verblasst im Schimmer dieser Nacht.

Die Wolken ziehen leis dahin,
In sanften Farben, zart ergraut,
Die Seele spürt des Himmels Sinn,
In Stille, die der Morgen braucht.

Zwischen Traum und Dämmerung

Zwischen Traum und Dämmerung,
flüstert leise die Zeit,
wo die Seelen sich wiegen,
weit entfernt von der Wirklichkeit.

Im sanften Spiel der Schatten,
tanzt das flüchtige Licht,
tauchen Farben, die leuchten,
und vergehen dann sacht im Nichts.

Die Sterne flüstern Geschichten,
von Welten fern und nah,
ein Wimpernschlag der Ewigkeit,
den man träumend nur sah.

Im Wiesenduft der Erinnerung,
schwebt ein leises Lied,
ein Flüstern, kaum vernommen,
das von fernen Zeiten zieht.

Zwischen Traum und Dämmerung,
erzählt das Herz mit Bedacht,
Geschichten, die wir glaubten,
in stiller, nächtlicher Pracht.

Schleier der Vergangenheit

Im Schleier der Vergangenheit,
liegen unsre Träume zart,
wie ein Hauch der Ewigkeit,
der die Seele offenbart.

Verblasste Farben leuchten,
in einem sanften Licht,
und stille Schatten deuten,
auf ein vergangenes Gesicht.

Die Zeit webt goldene Fäden,
in die Leinwand unsres Seins,
schöpfend aus den alten Quellen,
einen Strom von Stille und Sehn's.

Erinnerungen fliegen leise,
gleich den Blättern im Wind,
erzählen alte Geschichten,
vom einst so glücklichen Kind.

Im Schleier der Vergangenheit,
lauscht das Herz ganz still,
an den Stimmen der Erinnerungen,
deren Echo niemals schwieg.

Stille Nebelfahrt

Durch den Nebel, ruhig und leise,
führt die Reise ohne Ziel,
wo die Wellen sanft uns wiegen,
und kein Wort die Stille stiehlt.

In der Ferne schimmern Lichter,
wie verlor'ne Sternenglut,
die den Nebel sanft durchdringen,
und versprechen süßes Gut.

Die Luft ist schwer mit Schweigen,
und der Nebel dicht und grau,
ein Gedicht im stillen Gleiten,
auf dem ungewissen Tau.

Das Wasser flüstert sanfte Lieder,
voll von Melancholie,
ein Echo längst verflogner Zeiten,
die sich neu im Nebel wieg.

Durch den Nebel, still und leise,
zieht die Nacht ihr sanftes Kleid,
und die Reise voller Träume,
führt uns durch die Ewigkeit.

Schwaden der Stille

Ein sanftes Flüstern im Wind,
ein zartes Lied ohne Klang.
In den Schwaden der Stille,
dort fängt die Seele Gesang.

Die Blätter flüstern leise,
der Regen malt ein Bild.
In dieser ruhigen Welt,
die Zeit scheint hier so mild.

Kein Lärm der Außenwelt,
drückt hier seinen Kranz.
Die Stille wie ein Mantel,
umgibt uns wie ein Tanz.

Die Schatten werden länger,
die Dunkelheit erwacht.
Doch in den Schwaden bleibt,
die Ruhe wie eine Wacht.

Ein Moment der Ewigkeit,
in schweigsamer Gestalt.
In den Schwaden der Stille,
ist Frieden Wunderwald.

Morgenmantel der Geheimnisse

Ein Schleier in der Frühe,
umhüllt die zarte Nacht.
Der Morgenmantel trägt,
die Geheimnisse, die erwacht.

Die Sonne bricht durch Wolken,
wie ein leuchtendes Band.
Der Nebel hebt sich sachte,
über das stille Land.

Geheimnisse flüstern leise,
in den Adern der Nacht.
Der Morgenmantel behütet,
was der Tag mit sich gebracht.

In den ersten Strahlenschein,
lüftet sich das Verborgene.
Doch manches bleibt versteckt,
in Nächten Neugeborene.

Ein neuer Tag erwacht,
das Rätsel wird uns sagen.
Im Mantel der Morgenstille,
verbleiben ungelöste Fragen.

Ungewisse Reiselust

Ein Weg ohne Ende,
durch Wälder und durch Tal.
Die Ungewissheit kitzelt,
ein Abenteuer überall.

Jede Kreuzung ein Geheimnis,
jedes Ziel unbewusst.
Der Reisende träumt weiter,
treibt's ihn, voll Wanderlust.

Die Sterne sind Begleiter,
der Mond leuchtet hell.
In nächtlichen Gefilden,
wirkt jeder Schritt so schnell.

Noch kennt das Herz kein Ziel,
das Auge sucht es fern.
In der ungewissen Weite,
folgt es dem leuchtenden Stern.

Doch ist's der Weg das Ziel,
das Lernen und Verstehen.
In der ungewissen Reiselust,
können wir die Welt begehen.

Tanz der Nebelschwaden

Der Nebel tanzt im Morgenlicht,
Ein zarter Schleier, der sich wiegt.
Er birgt Geheimnisse in sich,
Und jeder Hauch ein Traum gekriegt.

Er schleicht durch Wälder, über Felder,
Verwebt die Welt in sanfte Grauen.
Die Stille wiegt im Nebel schwerer,
Nur leise Schritte hört man kaum.

Ein Spiel aus Licht und Schatten fliegt,
Versteckt die Flur in dichten Schleiern.
Wo einst die klare Sicht gesiegt,
Da tanzt der Nebel, lichte Leiter.

Er weiß von Welten, fern und nah,
Verborgen in des Morgens Tau.
Ein Tanz, der ewig weiter sah,
Des Nebels schönste, stille Schau.

Wenn Sonnenstrahlen ihn durchbrechen,
Verwinden Nebelschwaden schnell.
Doch bleibt ihr Tanz in Herzen zechen,
Ein Märchenhaftes, still und hell.

Schattenhafte Figuren

In dunkler Nacht erheben sich,
Die Schatten, die man nächtens sieht.
Sie flüstern leis, ein sanfter Stich,
Von dem, was einst gewesen, flieht.

Die Monde wirft ihr kühles Licht,
Und malt die Welt in Silbertönen.
Ein Tanz der Schatten, leise Pflicht,
Die Stunde zählt nur düstre Söhnen.

Ein Klagen, das man kaum erkennt,
Verweht im Wind, der sanft umspielt.
Die Dunkelheit den Weg ihm lenkt,
Ein Spiel, das ewig weiter zielt.

Im Schatten regt sich die Gestalt,
Verändert sich mit jeder Regung.
Ihr Ursprungsort bleibt einzig galt,
Ein Rätsel bleibt der dunklen Prägung.

Wenn Morgenrot die Nacht verjagt,
Verlöschen sacht die dunklen Wesen.
Der Tag erhellt, was sie geplagt,
Doch nachts wird neu ihr Lied gelesen.

Versteckte Wahrheiten

Versteckt im Schatten, heimlich still,
Die Wahrheit liegt im Finstern tief.
Ein Hauch, der Herzen heilen will,
Wo Wissen doch oft Friede rief.

Verborgne Worte summen leis,
Im Ohr des Suchers, der sich neigt.
Ein Pfad, der führt wie alter Greis,
Der Weisheit's Schätze klug verzeiht.

In Rätseln spricht die stumme Welt,
Ein Bild, das stets sich selbst verrät.
Des Dunklen Schleier fest umstellt,
Was niemals unsre Seele tät.

Ein Funke Wahrheit, hell und klar,
Verblitzt in Augenblicks Minute.
Doch reicht ein Licht, so wunderbar,
Des Lebens pfadwärts, unermüdte.

In Tiefen der Geheime Lust,
Versteckt das Herz sich gerne wieder.
So ruht die Wahrheit in der Brust,
Und singt der Unwissenden Lieder.

Schleier des Unbekannten

Ein Schleier liegt auf fernem Land,
Verhüllt, was Augen nicht erblicken.
Da wandert jeder Kartenrand,
In Welten, die das Dunkle stricken.

Ein Nebel zieht sich durch die Nacht,
Verbirgt, was Fragen sich erschließen.
Der unentdeckte Pfad erwacht,
Da wo die Träume sich ergießen.

Die Mysterien in dunkler Nacht,
Verhüllt vom Mondeslicht, dem bleichen.
Ein Schleier, der das Herz bewacht,
Des Wissens Durst kann nicht erreichen.

In fremden Ländern funkelt leis,
Ein Hauch von Wissen sonder Rande.
Die Fragen werden stumm und heiß,
Wo Unbekanntes weißer Brand.

So führt der Pfad ins Ungewisse,
Ein Abenteuer nennt sich's leise.
Wer hinter Schleier Wahrheit wisse,
Der findet Welten still und weise.

Verlorene Seelen

In der stillen Nacht so kalt
Wo Schatten durch die Straßen schleichen
Geister wehen, unaufhaltsam alt
Verlorene Seelen sich einander gleichen

Trauer legt sich über das Land
Wie Nebel, der die Sicht verhüllt
Eine unsichtbare, dunkle Hand
Die alle Hoffnungskraft erstillt

Sie wandern durch die Einsamkeit
Die einst so hellen Herzen leer
Suchend nach Vergangenheit
Nach dem, was längst verloren wär

Ein Flüstern in der Kälte weht
Erinnerungen, sanft und sacht
Von einem Leben, das verweht
Verlorene Seelen in finsterer Nacht

Doch in der Ferne glimmt ein Licht
Vielleicht ein Funkeln neuer Zeit
Das ihnen sagt: Vergiss das Nicht
Und führt die Seelen aus dem Leid

Verträumte Nebelnächte

In träumerischen Nebelnächten
Tanzen Sterne fern und licht
Verwobene, geheimnisvolle Mächte
Hüllen ein Gesicht in Licht

Der Mond schaut still herab zur Erde
Seine Strahlen sanft und weiß
Mit ihm wandern unsre Herde
Durch den Nebel, leis und leis

Ein Wispern trägt der Wind hinfort
Ein Schlaflied aus vergangener Zeit
Erzählt von einem fernen Ort
In der Unendlichkeit bereit

Phantasien erwachen leise
Malend bunte Blütenträume
In träumerischer Nebelreise
Fliegen wir durch Zauberbäume

So verlieren wir uns in der Nacht
Wo alles träumt, wo nichts erwacht
In verträumten Nebelnächten sacht
Bis der Morgen neu entfacht

Schwankende Illusionen

Illusionen sind wie Wellen schlank
Schaukeln uns in sanfte Weiten
Ein Traum, der ewig wankt
Schwankend in den Zeitlichkeiten

In dieser Welt aus Fantasien
Verlieren wir den festen Halt
Doch glauben, was wir dort erblühen
Ist mehr als jenes, was verhallt

Wahrheiten verschwimmen schnell
Zwischen Realität und Traum
Illusionen dunkelhell
Flüstern leise, wie ein Baum

In diesen schwankenden Visionen
Glauben wir an ewiges Sein
Doch Wahrheit weicht den Illusionen
Lässt uns für den Moment allein

Erwachen wir aus wilden Reisen
Erkennen wir, was niemals ist
Doch geht in Wellen und in Kreisen
Ein Traum, der nie verweist

Verwobene Dimensionen

Die Dimensionen sind verwoben
In einem Netz aus Raum und Zeit
Unbekannte Welten toben
Nah und fern und stets bereit

Zwischen Träumen und Realitäten
Spinnen Fäden neue Welten
Durch vergangene Gegebenheiten
Zu den nicht erzählten Helden

Jede Seele wandelt leise
In verwobnen Dimensionen
Auf einer unbekannten Reise
Zwischen größten Illusionen

Geheimnisse in stillen Stunden
Warten in den Räumen alt
Ewigkeiten so verbunden
Zwischen Monden kalt und bald

In verwobnen Dimensionen wir
Suchen stets des Lebens Sinn
Und in den Ewigkeiten hier
Findet sich der Neubeginn

Verborgen im Grau

Der Nebel legt sich dicht und schwer,
Verhüllt die Welt in sanftem Glanz.
Ich schreite durch das stille Meer,
Im Grau verliert sich jeder Glanz.

Die Bäume halten Atem an,
Die Winde flüstern mir ihr Lied.
In dieser Stille kann ich spür'n,
Wie sich des Alltags Hektik flieht.

Der Morgen graut und weckt das Land,
Langsam schwindet der Dämmer-Schleier.
Im Grau, so nah, fernes Gestand,
Entsteigt dem Nebel — leise Geister.

Und in dem Verderben grau,
Verbirgt sich manche Schönheit fein.
Ich finde in des Nebels Schau,
Des Unbekannten, klärend Schein.

Geheimnisvolle Nebelschleier

Die Nebelschleier, zart und lang,
Umhüllen still das alte Tal.
Kein Laut, kein Klang, es ist so bang,
Als wär' die Welt ein Märchensaal.

Aus Ferne klingt ein leiser Ruf,
Kaum hörbar durch den Dunst und Raum.
Im Herzen wippt ein sanftes Ruf,
Des Echos Echo — schöner Traum.

Verwischte Schatten zieh'n vorbei,
Gesicht aus Nebel, süßes Spiel.
Ich bin in ihren Bann dabei,
Erinn'rung hält mich — stark und viel.

Jenseits der sicht'baren Wellen,
Verhüllt, was wirklich ist und scheint.
In Nebelwelten, kann ich sehen,
Des Lebens Geister, ausgedehnt.

Das Unsichtbare enthüllt

Im Nebel steigt das Dunkle auf,
Und Licht formt zarte Horizonte.
Enthüllt das Unsichtbare — Lauf,
Vom Reich der Schatten an die Sonne.

Verborgene Worte, still gelegt,
Auf Blättern, die sich kaum erheben.
Ein Flüstern durch die Lüfte weht,
Und Seelentiefen neu beleben.

Die Welt in silberndem Gewand,
Geheimnisvoll, wie Träume spinnen.
Im Dunst erschließt sich ferne Land,
Wo sich die Geisterwege winden.

Unsichtbar wird in Licht geboren,
Was Dunkelheit verschwand im Zeiten.
Im Nebel, fahler Glanz verloren,
Erwacht das Neue — still begleiteten.

Schatten in der Dunst

Durch dichten Dunst, die Schatten ziehen,
Unfassbar, leise — Bild an Bild.
Vergangenes in Nebel fliehen,
Die Zeit, sie bleibt im Dunst verhüllt.

Ein Raunen aus der Ferne hallt,
Kos't zärtlich meine Sinne wach.
Im Dunst, der sanfte Geist verhallt,
Im Schatten wandert Glück und Schmach.

Die Träume schlafen tief im Grau,
Die Sehnsucht ruht, als wär' sie tot.
Doch sie erwacht, im Nebel schau,
Ein ferner Funke — Herz im Rot.

In Dunst und Schatten, fern und nah,
Geborgen liegt der Zeiten Reigen.
Seh' ich durch Dämmer Wolkenschau,
So wird das Dunkle still vergeigen.

Ungesehene Pfade

Auf Wegen, die noch keiner sah,
Mit Schritten, leise, unsichtbar.
Verwirrtes Gras, ein Hauch von Licht,
Ein Traum, der durch die Stille bricht.

Die Wälder flüstern ihr Geheim,
Der Mondschein taucht in Silber ein.
Verborg'ne Pfade führen fort,
Zu einem fernen, fremden Ort.

Ein Seufzer in der Dunkelheit,
Weckt träumend uns're Einsamkeit.
Jenseits dessen, was man kennt,
Geschichten, die im Wind entbrennt.

Das Unbekannte ruft uns zu,
Geheimnisse im Schatten ruh'n.
Ein Pfad, der immer weiter geht,
Das Herz in neue Welten dreht.

Geh mutig voran, lass dich nicht scheu'n,
Der Horizont wird sich erneu'n.
Ungeseh'ne Pfade führen weit,
In eine neue Wirklichkeit.

Verschwommene Konturen

Ein Bild im Nebel, sanft verwischt,
Farbstriche, die die Zeit ertischt.
Gesichter, die im Dunst vergeh'n,
Wo Träume sich im Grau aufsteh'n.

Die Schatten tanzen leicht und still,
Ein Echo bleibt, was bleiben will.
Im Zwielicht fließen Konturen fort,
Verschwimmend an des Horizonts Ort.

Erinnerungen, kaum noch klar,
Verblassen, was einst leuchtend war.
Ein Lächeln, das im Nebel ruht,
Ein Kuss, der zögernd, kaum noch gut.

Die Welt, sie taut im Nebel auf,
Mal zart, mal wild, im ew'gen Lauf.
Ein Spiel von Licht und Schatten bald,
Verschwommene Konturen kalt.

Im Schleier jener Dämmerung,
Wo Zeit und Raum verschwinden schwung.
Ein Flüstern in der leisen Nacht,
Hält uns in zarter Traumgeflacht.

Wandernde Träume

Durchs nächtliche Gefilde schweif',
Ein Traum, der suchend um uns greif'.
Gedanken, frei von Ort und Zeit,
Wandern in die Ewigkeit.

Die Sterne flüstern stille Lieder,
Träume wandern immer wieder,
Durch Sphären, weit und unbekannt,
Wo Wunsch und Wirklichkeit sich fand.

Ein Fluss aus Farben, ungestüm,
Führt uns in ein Reich aus Ruhm.
Die Seele reist, entfaltet weit,
In jenseitiger Wirklichkeit.

Von Traumbild zu Traumbild geh'n,
Lass uns das Unsichtbare seh'n.
Ein stetes Wandern, sanft getrübt,
Im Traum, der ewig fortan blüht.

Im Schleier jener weichen Nacht,
Hat sich ein Traum auf sich gemacht.
Wandere weiter, nie verweilend,
In Sehnsuchtstiefen sanft verweigend.

Zeitlose Illusionen

Ein Märchen webt sich durch die Zeit,
Von Licht und Schatten weit und breit.
Illusionen, die die Herzen trägen,
Zeitlos durch die Welten biegen.

Vergangene Echos, Zukunftslicht,
Ein Spiegel, der das Jetzt durchbricht.
Erinnerungen, die nie vergeh'n,
In fremden Welten sich verweb'n.

Ein Zeichen, das im Wind verweht,
Momente, die man nie vergeht.
Ein Tanz der Zeit, so traumhaft frei,
Ein Spiel von Licht und Melodei.

Die Grenzen zwischen Traumbild, Sein,
Ein Flüstern bleibt im Lichterschein.
Illusionen, die die Zeiten spreng'n,
Wo Wunsch und Wirklichkeit sich läng'n.

Im warmen Hauch der Ewigkeit,
Existiert kein Kampf mit der Zeit.
Zeitlose Illusionen flieh'n,
In Welten, die wir nie entglieh'n.

Geschichten im Zwielicht

Im Zwielicht tanzen Schatten sanft,
Die Nacht entfaltet ihren Glanz.
Geflüster walzt durch dunklen Hain,
Und alte Mythen füllen Raum.

Verborgene Märchen still erblühn,
In Ecken, wo das Licht zerstiebt.
Die Zeit verliert an großer Macht,
Im Abenddunst, der leise singt.

Die Welten schwanken hin und her,
In einem Fluss aus Nebel schwer.
Und Stimmen weben leise Töne,
Von ewig währenden Schimären.

Wo Rauch sich mit den Sternen paart,
Dort wohnen Träume, die uns nah.
Die Dunkelheit birgt jede Spur,
Von denen, die wir längst vergaßen.

Ein Wispern zieht durch kahle Bäume,
Die Dämmerung bringt ihre Träume.
Verwist und ungestüm erblitzt,
Der Zwielichtschein, der uns umhüllt.

Geheimnisse des Dunstes

Im Dunst der frühen Morgenstund,
Verhüllen Schleier jede Rund.
Verborgene Pfade tauchen auf,
Und reizend blüht der Nebelstrauch.

Die Welt verschwimmt in grauem Odem,
Die Stille flutet durch den Hain.
Das Flüstern von geheimen Wegen,
Verlockt den Geist, sich zu verlieren.

Ein Hauch von Mysterien fliegt,
Durch nebelgleichen Raum und Zeit.
Was bleibt sind Träume, die uns küssen,
Im Nebelmeer der Düsterheiten.

Versunken in dem dichten Dunst,
Wohnen Geheimnisse im Grund.
Das Licht, es sucht vergeblich hier,
Denn nur der Schatten ist regiert.

Erzählungen von längst vergangen,
Verwirren leicht den Blick im Dunst.
Die Luft, gefüllt mit alten Stimmen,
Die raunen leis' von stillen Dingen.

Geisterhafte Umrisse

In Nächten, die mit Nebel füllen,
Erwachen Silhouetten still.
Geisterhafte Umrisse kommen,
Im Schatten wird die Zeit gefroren.

Die Flüstereien durch die Bäume,
Erzeugen zarte, blasse Träume.
Ein Hauch von Ewigkeit weht leis,
Und hüllt den Raum in sanfte Eis.

Aus ferner Ferne klingen Stimmen,
Die aus der Zeit uns leise rufen.
Ihr Wispern schneidet durch das Dunkel,
Wo Umrisse die Nacht begrüßen.

Halbtote Schatten ziehen sachte,
Durch Straßen, die im Nebel schlafen.
Ein Wispern flüstert, still und weise,
Von längst Verlorenen und Geister.

Im Dunst erscheinen ihre Formen,
So zart, dass nichts sie je erfassen.
Die Geister führen ihre Tänze,
Und wir, wir träumen ihre Sätze.

Verlorene Pfade im Grau

Verloren in des Graues Weiten,
Folgen wir den stillen Zeichen.
Die Welt verblasst in Nebelschleiern,
Und Pfade führen nirgendwohin.

Die Schritte hallen leis im Dunst,
Verlaufen sich in feuchtem Grund.
Die Wege sind uns längst entglitten,
Nur das Nichts uns hier umgibt.

Ein Schleier zieht sich durch die Stille,
Verborgen bleiben alle Ziele.
Das Grau umhüllt nun unsere Blicke,
Die Pfade bleiben uns verschlossen.

Im Nebelmeer aus düstrem Schein,
Bleiben wir gefangen, klein.
Verwoben in des Dunstes Glanz,
Suchen wir vergebens Tanz.

Wo Pfade sich im Grau verlieren,
Sind wir gefangen, unergriffen.
Die Träume schweben leise flüchtig,
Im Reich der grauen Wirklichkeit.

Finstere Spiegelungen

In den Tiefen, kaum erhellt,
Ruht der Mond im alten See.
Flüsternd, wie es ihm gefällt,
Seine Schatten still und wehe.

Nachtgefühle steigen auf,
Gespiegelt in der Dunkelheit.
Schatten ziehen ihren Lauf,
Lösen sich in Ewigkeit.

Wind durch Bäume leise fährt,
Sucht das Ufer, sucht den Grund.
Was verborgen, bleibt verwehrt,
Unbekannt ein finstrer Bund.

Tropfen fallen, Wellen tanzen,
Kreis und Kreise, nimmer ruh.
Finsternis birgt neue Chancen,
Hoffnungsvoll die Nacht im Nu.

Tiefe Wasser, schwarze Zeichen,
Rätsel bleibt, was uns betört.
Spiegelungen, die nicht weichen,
Dunkelheit sie stets gehört.

Schattenspiele des Dunstes

Nebel senkt sich leis hernieder,
Wandernd durch das stille Tal.
Schatten tanzen immer wieder,
Flüstern leise ihre Qual.

Weiden wiegen sanft im Winde,
Schleier wächst in dunkler Nacht.
Schaurig lächeln alte Rinde,
Stille fort von fern erwacht.

Formen fließen, schwer zu fassen,
Tauchen auf und tauchen ab.
Schattenspiele in den Gassen,
Geben keinen Frieden hab.

Grau umhüllt ein jedes Schweigen,
Weiche Hülle liegt uns nah.
Dunkel flüstert, zum Beugen,
Was verborgen, das geschah.

Geisterhaft und ohne Namen,
Bleibt das Flüstern in der Luft.
Schattenspiele soll es rahmen,
Gedeihen in des Dunstes Kluft.

Vergangene Geschichten

In den alten Bäumen summt,
Eine Sage längst verweht.
Stille Zeugen, unbenommen,
Wissen mehr, als was besteht.

Märchen, die die Zeit vergaß,
Fließen wie im Traum vorbei.
Gehn dahin, ohn Unterlass,
Wie ein leiser Schmetterlei.

Jeder Zweig ein Buch des Wandels,
Jedes Blatt ein stiller Ruf.
Durch die Epochen endlos Handles,
Steigt ein Bild aus alten Schruf.

Welche Wege, die wir gingen,
Schattenhaft doch hell gewebt.
Blätter rauschen, Lieder singen
Von dem, was in uns gelebt.

Unsere Schritte, deren Spuren,
Hauch von Staub im tiefen Sand.
Vergangene Geschichten fluren,
Zeichnen uns im fernen Land.

Besonders still

Zwischen Bäumen, einsam stehen,
Schweigt der Mond im kalten Glanz.
Blätter, die sich sanft verneigen,
Wispern leis im sternen Tanz.

Winterluft, die klar und stille,
Schneeflocken von Zeit zu Zeit.
Flüsternd, hauchen sanfte Wille,
Lässt die Welt in sanftem Kleid.

Nächtlich leise Schattenschweben,
Traumhaft, was das Herz berührt.
Schweigen, das die Nacht umgeben,
Sich in tiefer Stille findet.

Zeit verweilt, als ob sie träumte,
Zart und federleicht im Lauf.
Schweigt so sanft, dass sie versäumte,
Jedes Lautes sanften Hauf.

Einsamkeit, die Welt umhüllt,
Mit der Nacht verbindet sich.
Stille tief die Luft erfüllt,
Märchenhaft und wundernich.

Verhüllte Pfade

Unter Bäumen, alt und weise,
Flüstern Winde, sacht und leise,
Schritte hallen, ungewiss,
Ein Geheimnis, tief im Biss.

Pfad geteert von alten Tagen,
Wo die Vögel leise klagen,
Wurzeln tanzen, Schatten spielen,
Nebelzüge zart versiegeln.

Dämmerlicht auf Blätter fallen,
Nebelgeister leis verhallen,
Finsternis das Herz versenkt,
Wo der Wald die Pfade lenkt.

Dunkle Bäume, wie verzaubert,
Märchenhaft, geheimnisrauert,
Sterne funkeln, fern und nah,
Schweigend zieht der Mond voran.

Unter Bäumen, alt und weise,
Flüstern Winde, weiter Reise,
Schritte hallen, ungewiss,
Ein Geheimnis, tief im Biss.

Surreale Nebelbilder

In der Ferne, Schemen glimmen,
Tauchen auf in Nebelschimmern,
Wogen, Winde, waberndes Band,
Haltlos formt ein stiller Strand.

Bäume schwanken, stumm verhüllt,
Wo die Luft geheimnisstillt,
Traumtanz'figuren, geisterhaft,
Gewebe, das im Nichts entschlaft.

Schatten fließen, Schleier der Nacht,
Linien lösen, Grenze entfacht,
Fabelwesen, wandelbar,
Nebelbilder, fremd und klar.

Lichter, rau, durchschleiern Traum,
Städtemauern, Schattenraum,
Wesen huschen, nickten leis',
Surreal der Nebelschweiß.

Trugbilder des Geistes weben,
Zwischen Ewigkeiten schweben,
Mystisch, sanft die Nacht sich schließt,
Bis der Nebel sie vergießt.

Dämmerungsgeschichten

Wenn der Tag dem Abend weicht,
Himmel sich im Gold erreicht,
Sei die Stille, leis und klar,
Dämmerung, schon wunderbar.

Wälder flüstern leises Raunen,
Winde singen, Bäche raunen,
Tiere träumen, sanft erwacht,
Lebensrhythmus durch die Nacht.

Sterne sprühen, Lichter tanzen,
Dunkelheit beginnt zu pflanzen,
Wie ein Tuch aus Samt und Grau,
Sich die Stille bäumt genau.

Dunkles Flüstern, Licht entfacht,
Nacht erwacht in Pracht der Macht,
Fernen Fabeln, Dämmerzeit,
Leben träumt in Sternenkleid.

Märchen weben, Mythen blüh',
In des Nachthimmels lichter Höh',
Fließend Mal in Dämmerung,
Ewig bleibt die Erzählung Jung.

Grau in Grau

Wolken türmen, grau und schwer,
Malerei im Himmelmeer,
Winde flüstern, Schatten ziehn,
Nebelstreifen, die verglühn.

Regen fällt auf kalte Straßen,
Spiegelt alte, stille Phrasen,
Pfützen tanzen, dunkles Licht,
Still und leise, kehrt zurück nicht.

Bäume dunkel, nass und schwer,
Blätter träumen Feld und leer,
Zwischen Tropfen, leise Rinn,
Grau in Grau der Tag beginnt.

Sacht der Regen, flutet mal,
Felder, Wiesen, stumm im Tal,
Himmelsschleier, weiches Grau,
Taucht die Erde in dem Tau.

Grau am Morgen, grau zur Nacht,
Bleibt das Grau in Grau erwacht,
Tropfen, sachte Melodie,
Endet nie die Harmonie.

Geheimnisvolle Nebelwelten

Im dichten Nebel, kaum ein Licht,
Verhüllt die Welt in stiller Pracht.
Verloren Schatten, wo man spricht,
Von Zauber, der die Nacht bewacht.

Versteckte Pfade, unsichtbar,
Geflüster, das durch Bäume zieht.
Ein Rätsel, das so wunderbar,
Die Seele tief im Nebel wiegt.

Geheimnisvolle Stimmen drauf,
Verhallen schnell im Nebelgrau.
Von alten Zeiten, fern und lauf,
Erzählen leis, wie Schnee im Tau.

Und doch, es ruht in Nebelwelt,
Ein Wissen, das kein Mensch erkennt.
Ein Hauch von Magie, still vermeldt,
Des Lebens Geist, wie er sich wendet.

Stille Wälder

Im Wald die Stille, tief und weit,
Ein Flüstern nur im Blätterhain.
Der Wind erzählt von alter Zeit,
Von ewig grünem Wurzelreim.

Die Bäume ragen stolz empor,
Ein Meer aus Tannen, Fichten stark.
Ein Reis, ein Ast, ein blendend Tor,
Zu einer Welt, die tief verwahrt.

Das Moos so sanft den Boden deckt,
Ein Teppich grün und samtig weich.
Im Zwielicht leise sich versteckt,
Ein Märchen, fast wie Traum so gleich.

Die Stille birgt ein leises Lied,
Das Herz schlägt ruhig, sanft und klar.
Ein Ort, der jede Hast besiegt,
Wo Frieden lebt und wahrlich war.

Unbekannte Tiefen

Unter der Oberfläche dunkel, tief,
Ein Reich verborgen, still und kalt.
Geheimnisvoll das Wasser lief,
Durch Schluchten, abgrundtief und alt.

Im Ewigen Dunkel, wo Schatten sind,
Bewegt sich lautlos das Gezeitenband.
Ein Wispern, das der Meereswind
von alten Zeiten kennt und fand.

Da unten, wo kein Licht mehr dringt,
Versteckt sich Leben sonderbar.
Ein Juwel, das in der Tiefe singt,
Von Wunder, fern und wunderbar.

Ein Ozean aus Ungewiss,
Verbirgt in seiner stillen Nacht.
Ein Paradies, das man vergisst,
Doch eine ferne Stimme wacht.

Verzauberte Nebellandschaft

Ein Nebel schleicht im Morgenrot,
Verhüllt die Welt in zarte Träume.
Vergeistert ruht in sachter Not,
Das Land in sanfte Nebelbäume.

Verzaubert scheint die weite Flur,
Der Mond noch matt am Himmel hängt.
Ein Hauch von Magie, eine Spur,
Die Nebelwelt in Weiß bedrängt.

Ein Fluss, im Nebel still verborgen,
Fließt leise durch das stille Tal.
Ein Märchenland, fast wie geborgen,
Wo Elfen tanzen ohne Zahl.

In dieser sanften Nebelsphäre,
Wo grenzenlos die Welten schweben.
Liegt ein Zauber, traumverhehre,
Der Hauch des Anfangs, neues Leben.

Silhouette der Einsamkeit

Im Korridor des Herzens, dunkel und schwer,
Gab es einst Lachen, heute kaum mehr.
Schatten der Erinnerung, still und kalt,
Träumen von Wärme, die nie verhallt.

Echos vergangener Tage schwingen,
Leise Lieder, die in Stille verklingen.
Tränen glitzern im Mondlichtschein,
Jeder Schritt, so schmerzlich allein.

Stumme Worte in tiefer Nacht,
Einzig die Stille hält hier Wacht.
Hohe Zäune aus eisiger Zeit,
Halten die Kälte, die nie verweilt.

Wie ein Bild im Nebelschleier,
Verblasst die Hoffnung, wird immer freier.
Ein Herzschlag nur, im endlosen Fall,
Gefangen in des Schmerzes Schall.

In dieser Einsamkeit, tief und weit,
Suchen Seelen ihren Weg ins Licht.
Doch der Weg bleibt stets verborgen,
In der Silhouette der Einsamkeit.

Flüsternde Nebelschleier

Sie weben durch die Morgenröte,
Verlieren sich in einer Ferne.
Flüsternd erzählen sie die Geschichte,
Von Nebelschleiern, die wirren gerne.

Durch die Stille des erwachenden Tags,
Grüßen sie sanft wie ein Herzschlag.
Tragen Fesseln aus schimmerndem Licht,
Entfalten Geheimnisse in jedem Sicht.

Im Hauch des Windes, sacht und mild,
Die Schatten tanzen, doch so still.
Ein Schleier legt sich übers Land,
Trägt Wünsche von Hand zu Hand.

Die Nebel sprechen, leise und fern,
Von Träumen und Sternen, so unendlich fern.
Sie erzählen von Zeiten, ruhig und rein,
In flüsternden Schleiern, fein und rein.

Durchs Tal und die Wälder ziehen sie,
Nebelgeister, die niemand je sieht.
Des Morgensruf, so klar und frei,
Umhüllt von flüsterndem Nebelschleier.

Jenseits der Schatten

In der Dämmerung, tief verborgen,
Liegen Welten jenseits aller Sorgen.
Im Zwielicht tanzen Schatten leise,
Führen uns auf eine wundersame Reise.

Durch das Dunkel, über dem Licht,
Wo das Unsichtbare wahrlich spricht.
Verborgene Pfade, durch Träume geführt,
Ein Ort, wo sich alles verliert.

Stille Wächter, die Nacht bewahren,
Halten die Geheimnisse seit Jahren.
Schatten erheben sich, sanft in der Nacht,
Wo das Mysterium seine Kreise macht.

Ein Funke Hoffnung, im Dunkel versteckt,
Führt uns weiter, unentdeckt.
Jenseits der Schatten, in tiefer Ruh,
Erwacht das Wunder stets im Nu.

Die Grenzen zwischen Licht und Schatten,
Sind fließend wie weiche Matten.
Im Reich der Dämmerung, ruhig und fahl,
Erleben wir das Ewige, einmal.

Tanzende Geister

Im Fluss des Windes, wild und frei,
Erheben sich Geister, schwebend vorbei.
In flüchtigen Bewegungen, sanft und leis,
Tanzen sie durchs Dunkel, im geheimen Kreis.

Ein Reigen aus Licht und Schattenlicht,
Wo das Vergessen sich mit dem Jetzt verflicht.
Geister vergangener Tage und Träume,
Entsteigen den Tiefen, wie stille Bäume.

Ihre Schritte, kaum zu hören,
Ein Wispern, das uns kann betören.
Durch die Nacht, hin zum Morgenlicht,
Tanzen die Geister, verstohlen und licht.

Im Schattentheater, so flüchtig und fein,
Verlieren sie sich in sanftes Schein.
Ein Geflecht aus Erinnerungen weben sie,
Ein Tanz für die Seele, so wild und frei.

Die Nacht vergeht, der Morgen naht,
Verblasst der Tanz, als hätte es nie getanzt.
Doch im Herzen bleibt jene Spur,
Von tanzenden Geistern, sanft und pur.

Verwischte Konturen

Die Welt verschwimmt in zarten Farben,
als würde sie im Traum vergehen.
Konturen lösen sich in grauen Narben,
wie Wellen, die sich still verwehen.

Der Horizont wird weicher, blasser,
kein scharfer Rand trennt jetzt das Sein.
Des Windes Atem, immer krasser,
vermischt das Ferne mit dem Heim.

Die Bäume flüstern alte Lieder,
der Himmel malt in weichem Grau.
Konturen welken immer wieder,
als schließe sich der Zeiten Bau.

Doch in dem Nebel, sanfte Schatten,
erwacht das Leben tausendfach.
Die Welt formt sich in neuen Platten,
im Nichts, da liegt der Ursprung, brach.

Verwischte Konturen, dichtes Schweigen,
in diesem Raum, der alles birgt.
So lernen wir, der Welt zu zeugen,
dass aus dem Nebel das Leben wirkt.

Wabernde Schleier

Ein Hauch von Nebel zieht durchs Land,
wie Schleier, sacht und fein gesponnen.
Verändert alles, was er fand,
als wäre es im Traum zerronnen.

Die Dämmerung wird königlich,
die Landschaft watet zart im Dunst.
Ein Wispern hier, ein Glanz dort schlich,
durchdrungen von verborgnem Brunst.

Es zieht der Nebel seine Bahnen,
und deckt die Welt in Silber ein.
Versteckt das Heute, das wir ahnen,
vielleicht nicht sehen, nur erschein.

Die Wabernden, die Schleier weichen,
verhüllen nichts und alles doch.
Sie lassen uns das Licht erreichen,
der Schleier bricht, im Morgen Loch.

Ein ew'ges Spiel, der Schleier laben,
im Wechselspiel von Nacht und Tag.
Die wabernden Gestalten traben,
durch Märchenreich, das keiner mag.

Schattenspiel im Nebel

Der Nebel hüllt die Welt in Grau,
verwischt die Formen, macht sie still.
Doch aus dem Dunst erwacht genau,
was niemand fassen will, und will.

Im grauen Schleier, leise weben,
Gestalten, die nur Schatten sind.
Ein flüchtig' Spiel aus Licht und Leben,
das sich im Nebel zart verschwind.

Die Schatten tanzen, rasch und sacht,
ein Reigen, der das Herz verzaubert.\nEin Wispern nur
und doch viel Macht,
die in das Geisterreich erschaubert.

Von Nebel eingehüllt, verwandet,
wird jede Form ein seltsam' Bild.
Ein Schattenspiel, das strahlt und brandet,
im Nebelmeer, das ruhig und wild.

Doch wenn der Nebel sich verzieht,
lässt Schatten flieh'n und Geister schwinden.
Dort steht die Welt, wie neu erglüht,
das Schattenspiel, nie einzubinden.

Still und verborgener Tau

Im Morgengrauen liegt der Tau,
erdeckt das Gras mit Perlenranken.
So still und heimlich, wie ein Hauch,
erfüllt die Luft mit sanften Gedanken.

Die Sonne kämpft sich sanft hindurch,
bestraft die Nacht mit hellem Schein.
Der Tau verblasst, doch seine Furch,
bleibt still verborgen, unser Sein.

Ein Wassertropfen, still und rein,
spiegelt Welten, tausendfach.
Verhüllt das Inn're, schlicht und klein,
ein Juwel im Morgendrach.

Verborgener Tau, der sacht verschwindet,
im ersten Licht des jungen Tages.
So zart und flüchtig er sich findet,
verschwindet er, der Nacht Entsagtes.

Doch immer wieder kehrt er heim,
bei jedem Stund', bei jedem Lauf.
Der verborgene Tau, das Hauchgenheim,
spiegelt Lebenslust und -lauf.

Schatz der Dunkelheit

In finstrer Nacht, Geheimnis wacht,
Unter der Erde, tief verborgen Macht.
Sterne leuchten, welch seltsam Licht,
Finden wir je den geheimen Schacht?

Schattengestalten, flüstern leise,
Unhörbare Worte, klingen weise.
Abenteuer ruft, mit dunkler Stimme,
Forschen wir weiter, in alter Weise.

Kälte kriecht, in unsere Glieder,
Doch Hoffnung steigt, nie wieder nieder.
Ein Schatz, verborgen, im schwarzen Meer,
Wird unser Herz, am Ende wärmen wieder.

Mutige Schritte, durch das Grauen,
Die Dunkelheit kann uns nicht bedauern.
Licht am Ende, wird sichtbar sein,
Schatz der Dunkelheit, wird unser Eigenes werden fein.

Und wenn wir dann, ans Licht zurück,
Kehrt Erlebtes in unser Herz zurück.
Die Andern staunen, was wir gesehen,
Schatz der Dunkelheit, bringt uns Glück.

Mythen im Dunst

Nebel steigt, im Morgenlicht,
Verhüllt das Land, und unsern Blick.
Geister flüstern, in der Ferne leise,
Mythen weben, in alter Weise.

Drachen schwingen, hoch am Firmament,
Zauberwesen singen, ein bekanntes Element.
Wälder raunen, uralte Geschichten,
Wesen des Dunstes, stets uns berichten.

Zauberharfen, in der Ferne klingen,
Elfen tanzen, wo Sonnenstrahlen dringen.
Mystische Schatten, bewegen sich lautlos,
Eine Welt im Nebel, unsichtbar und groß.

Wächter der Geheimnisse, der Nacht verborgen,
Durch Dunst und Mythen, neue Wege erschaffen.
Fantasie erwacht, in uns, so weit,
Mythen im Dunst, begleiten uns durch die Zeit.

Wenn der Nebel schwindet, und der Tag beginnt,
Bleiben die Mythen, in unsren Herzen, blind.
Wir träumen weiter, von jener Zeit,
Die Mythen im Dunst, machen unser Herz bereit.

Verlorene Wege

Wälder dicht, und Hochgras wild,
Wege verloren, undurchdringlich mild.
Unsere Schritte, ohne Ziel,
Führen uns, in eine Zeit, so still.

Pfad der früheren, langen Reisen,
Verblasst sind Spuren, und alte Zeichen.
Verlorene Orte, von Zeit verschlungen,
Erinnerungen, in Herzen, gesungen.

Verzweiflung und Hoffnung, Seite an Seite,
Wohin führen uns, die Wege weite?
Wege verloren, im Abgrund liegen,
Doch vielleicht finden wir, neues Fliegen.

Sterne leuchten, über die Nacht,
Erhellen Wege, die Zeit so sacht.
Verloren gegangen, doch nicht vergessen,
Erinnerungen leben, in uns, so befreit.

Auch wenn Wege, in Unbekannt führen,
Folgen wir dennoch, und setzen Spuren.
Im Herzen tragen, was wir erlebten,
Verlorene Wege, in Seele uns webten.

Zerflossene Horizonte

Himmel weitet, in Farbenpracht,
Horizonte fließen, in ewiger Schlacht.
Sonne sinkt, ins Meer so weit,
Schatten tanzen, in goldener Zeit.

Farben leuchten, in sanften Bogen,
Himmel und Meer, in Eins gezogen.
Horizonte, die Enden nie finden,
Verweben sich, in Morgenwinden.

Nacht erwacht, ein Sternenmeer,
Horizont zerflossen, in Dunkelheit schwer.
Lichter im Himmel, ein leuchtend Band,
Verbinden die Welt, mit unserer Hand.

Träume steigen, gen Himmelszelt,
Hoffnungen fließen, in unsere Welt.
Zerflossene Horizonte, die wir sehen,
Erzählen uns von Zeit, und von Gehen.

Wenn wir blicken, in die Ferne rein,
Sehen wir Geschichten, in Licht herein.
Horizonte fließen, erinnern uns klar,
Das Leben ist ein endloses Jahr.

Wunderland der Schwaden

Nebelschleier tanzen leise,
über Wiesen, still und sanft.
In dem Dunst, auf stille Weise,
träumen Bäume, schweben sanft.

Menschenaugen sehen vieles,
doch im Nebel nichts gewahrt.
Wunderland der Schwaden lügt,
unser Herz wird neu gepaart.

Die Magie in Grau gehüllt,
flüstert leise Lieder her.
Ein Geheimnis tief erfüllt,
macht das Herz nur umso schwer.

Zwischen Ästen, dichte Schleier,
schleichen sich hin fort im Glanz.
Spielen dort das leise Spiel,
ein verborgen Tanz aus Dunst.

Licht und Schatten, sanft verweben,
Märchengeschöpfe, zauberhaft.
In dem Nebel, stilles Leben,
Wunderland hat uns erfasst.

Wolken des Mysteriums

Wolken ziehen, träge, leise,
formen Bilder jede Reise.
Schleierhaft und silberwehen,
führen unser Herz zum Sehen.

Im Ozean aus Blau und Weiß,
tanzen Träume still im Kreis.
Wolken künden das Unbekannte,
Mysterien sie unerkannt.

Sanft umhüllt von Himmelszier,
nähern wir uns, Schritt für Schritt.
Große Fragen ziehen hier,
bis das Herz die Antwort findet.

Ein Geheimnis wacht und streift,
über Himmel, klar und rein.
Macht die Seele weit und tief,
hüllt die Welt in weichen Reif.

Wolken sputen, redend laut,
leise rufen sie vertraut.
Mysterien sie stets bewahren,
unsere Seelen, sie erfahren.

Unsichtbare Wahrheiten

Hinter Worten, immerheimlich,
liegen tiefe, kalte Seen.
Unsichtbare Wahrheiten,
lauter flüsternd, still verstehen.

In den Schatten, still versteckt,
leben sie, für uns bedeckt.
Hüllen sich in Nebelschein,
sind dem Alltagslicht zu fein.

Denken, Fühlen, unerkannt,
schweben sie in uns geahnt.
Menschenherzen, ach so weise,
spüren diese auf der Reise.

Kosmos flüstert seine Kunde,
unsichtbar in stillen Stunden.
An die Wahrheiten vertraut,
haben wir ihm fest geglaubt.

Denn im tiefen Seelenquell,
strömt ein Wissen, rein und hell.
Unsichtbare Wahrheiten daher,
fühlen wir, und lieben sehr.

Zwischenspiel des Schicksals

Schicksal spielt mit Lebensfäden,
webt sie bunt in unser Sein.
Jede Wendung, jede Szene,
sanft und doch so stark hinein.

Zwischen Rädern, grauen Klängen,
trifft uns unerkannt das Los.
Es sind zarte, leise Mängel,
die uns formen, macht uns groß.

Zwischenwege, ungeahnt,
führen uns zur Zeitenwand.
Flüsternd leise, unbenannt,
wird das Schicksal uns verwandt.

Kein Entkommen, keine Flucht,
also spielen wir das Spiel.
Schicksalsfäden, ohne Sucht,
führen uns zu unserm Ziel.

In dem großen Lebensreigen,
findet jeder seine Spur.
Zwischenspiel des Schicksals, eigen,
macht uns stark in seiner Urt.

Nebelfelder der Seele

In Nebelfeldern tief und weit,
Verliert sich manche Dunkelheit,
Gedanken schweifen, laut und leise,
Auf ihrer einsamen Reise.

Wo Träume sich in Dunst verhüllen,
Und leere Räume sanft erfüllen,
Da wandert mancher Geist umher,
In einer Welt, so nebelverwehrt.

Gefühle wirbeln, zart und stark,
In stillen Rufen, seltsam klar,
Wo Seele Hüll und Heimat sucht,
Und sich in alten Schatten flucht.

Im Dämmer dünstern Wünsche fort,
Gedämpfte Stimmen, leiser Ort,
Ein Seelenspiel in Nebelnacht,
Von schauriger, verborgner Pracht.

So reisen wir durch Traum und Zeit,
Im Nebelmeer der Einsamkeit,
Gefangen in des Geistes Flut,
Wo Seelenruhe selten ruht.

Grenzenloses Zwielicht

Zwischen Tag und Nacht geboren,
Sind Träume oft verloren,
Im grenzenlosen Zwielicht,
Wo man wahres Wissen spricht.

Die Dämmerung erzählt Geschichten,
Von Hoffnungen und Pflichten,
Ein Schauplatz von Verborgnem,
Entpuppt sich als ein Morgen.

Licht verliert sich in den Schatten,
Wahrheit tanzt auf schmalen Platten,
Zwielicht hält die Welt in Händen,
Und lässt sich sanft in Nacht versenden.

Geheimnisvolle Stille bebt,
Wenn Zwielicht durch die Seelen schwebt,
Ein Raum, der keine Grenzen kennt,
Und Traum und Wirklichkeit vereint.

Im Zwischenreich der Farbenwelt,
Ein jeder seine Wahrheit hält,
Umhüllt von sanftem Zwielichtschein,
Geleiten wir in Schlaf hinein.

Verborgene Welten

Hinter Schatten hoher Mauern,
Liegen Welten, still verborgen,
Wo Licht auf sanfte Finsternis trifft,
Und die Zeit den Moment verschenkt.

Verborgene Pfade, leise Schritte,
Führen zu des Geistes Mitte,
In einem Reich, kaum je gesehen,
Wo Seelen einfach weitergehen.

In Gärten, tief im Dunkelblau,
Träumt die Stille, doch nicht rau,
Ein Flüstern in des Nachts Gewand,
Entführt uns fort ins Zauberland.

Manch Herz verweilt in diesen Weiten,
Wo Dichterseelen leis sich breiten,
Geheime Welten, fernab hier,
Doch nie vergessen, stets bei Dir.

Denn tief in Träumen, nah dem Licht,
Verborgenheit die Wege bricht,
Ein Reich, wo Fantasie regiert,
Und uns beim Worte stets verführt.

Flüsternde Geister

Im Schattenreich der Nächte
Treibt ein Hauch von Ewigkeit,
Geister flüstern alte Träume,
Von Vergangenem befreit.

Ein Wispern geht durch die Stille,
Erinnerungen fliegen leis,
Vergangene, vergessene Wünsche,
In des Geistes Heimatreis.

Die Wände halten leise Klänge,
Erzählen von der alten Zeit,
Zerbrechliche, gespenstische Stimmen,
Die im Schatten sich befreit.

In Nächten hören wir das Raunen,
Ein Echo jener Geisterwelt,
Die flüsternd uns zur Ruhe bringt,
Und uns in sanfte Träume stellt.

Vergangne Seelen, still verwoben,
Mit unserer Zeit im Hier und Jetzt,
Ein Flüstern in der Dunkelheit,
Das uns zur alten Heimat setzt.

Verwischte Zeichen

Im Morgengrauen, still und heiter,
Verwehen Träume, sanft und leise.
Kein Wort verhallt im leeren Raum,
Ein Hauch von Glück, ein flüchtig' Weh.

Verwischte Zeichen, kaum zu deuten,
Ein Bild, das sich im Nebel zeigt.
Die Sehnsucht malt auf leere Seiten,
Ein Wunsch, der sich im Wind verstreut.

Verblasste Farben meiner Kindheit,
Erinnerung im Innern zart.
Im Dunst gewebt, vergang'ne Freude,
Das Herz beschwert, die Seele klart.

Ein Hauch von Frühling, der verweht,
Der Frost des Winters in den Augen.
Doch in der Ferne glimmt ein Licht,
Ein neuer Tag, der Hoffnung mahnt.

Unentdeckte Sphären

Im tiefen Blau des Sternenmeeres,
Verloren träumen wir uns fort.
Die Weiten rufen, fern und nah,
Einklang finden wir im Wort.

Unentdeckte Sphären winken,
Unbekanntes Land so weit.
Gedanken schweifen, Herzen sinken,
Im All verfliegt die Zeit zu zweit.

Eine Reise durch die Sterne,
Träumen bis zum Horizont.
Durchs Dunkel leuchten ferne Sterne,
Ein Märchen, das im Herzen tont.

Gemeinsam durch das Weltall schweben,
Verbunden durch ein Licht so klar.
In Kometenbahnen neu erleben,
Die Seele frei, das Herz so wahr.

Verblasste Hoffnungen

Verblasste Hoffnungen im Regen,
Verweht'ne Träume, still erlischt.
Das Herze schwer, der Geist verlegen,
Ein Wunsch, der sich im Dunst verwischt.

Im Grau der Tage, Sehnsucht klopft,
Ein Flüstern fern, doch nie gehört.
Die Hoffnung zart im Winter tropft,
Ein Glanz, der in der Ferne stört.

Verblasste Zeiten, einst so hell,
Ein Funken, nun im Staub verweht.
In stiller Nacht, so klar, so schnell,
Ein Traum, der in der Dunkelheit vergeht.

Doch wenn der Morgen neu erwacht,
Ein Lichtstrahl bricht durch Nebel dicht.
Die Hoffnung keimt, in stiller Nacht,
Ein neuer Tag, ein neues Licht.

Entschwundene Silhouetten

Im Dämmerlicht der Abendstunden,
Vergehen Schatten, formenklar.
Die Stille trägt vergang'ne Wunden,
Ein Echo bleibt, so wunderbar.

Entschwund'ne Silhouetten zieh'n,
Ein Reigen aus vergang'ner Zeit.
Erinnerung im Herzen glühn,
Ein Flüstern von Unendlichkeit.

Im Zwielicht tanzen sie so leise,
Verweht im sanften Abendwind.
Ein Bild, gezeichnet auf die Reise,
Die Schatten, die im Nichts zerrinnen.

Die Nacht umhüllt mit Sternenschimmer,
Ein letztes Mal, bevor es geht.
Die Silhouetten immer dünner,
Ein Traum, der in die Ferne weht.

Geister der Vergangenheit

In alten Hallen, einsam und still
Wo Geister der Vergangenheit weben
Erinnerungen, die in Schatten verweben
Einen Hauch von längst vergangenem Will.

Flüstern die Wände in zartem Klang
Von Zeiten, die nie werden verblassen
Geschichten, die Herzen gefasst und gefassen
Verloren im endlosen Zeitensang.

Echoes von Liebe und Tränen im Wind
Tanzen mit Geistern im Dämmerlicht
Ein Gemälde der Zeit, das nie zerbricht
In Tiefen, wo wir alle nur Kinder sind.

Durch Korridore schweben sie leicht
Vergangenheit, die stets bei uns bleibt
Ein Hauch, der uns in die Zukunft treibt
Erinnerungen, die keine Zeit verweicht.

In diesen Hallen, die Geschichte umgibt
Wo Geister der Vergangenheit wandeln
Verweilen sie ruhig, mit Schatten handeln
Ein Teil von dem, was immer noch lebt.

Verborgen im Zwielicht

Zwischen Licht und Schatten versteckt
Flüstern Geheimnisse im Zwielicht
Wo weder Tag noch Nacht anbricht
Ein Rätsel, das sich niemals entdeckt.

Tanzende Silhouetten, leicht und fein
Verweben Geschichten in die Dunkelheit
Zeigen uns Spuren, die kaum einer Leid
In Augenblicken, die fast flüchtig scheinen.

Geheimnisse gedeihen im Halbdunkel
Ein Rauschen, ein Wispern, kaum vernommen
Träume, die aus Nebeln gekommen
Verstreuen sich im sanften Funkel.

Gedankenflut, tief und klar
Im Zwielicht verborgen, nie ganz da
Ein Pinselstrich auf einer unsichtbaren Leinwand nah
Fasst Geschichten von weit her.

Zwischen Realem und Traumgeflecht
Man ahnt die Welt hinter dem Schleier
Verborgen im Zwielicht, immer freier
Ein Spiel mit der Illusion perfekt.

Ferne Klangspiele

Vom Wind getragen, leises Spielen
In ferne Weiten hallen sie fort
Klangspiele aus einem anderen Ort
Die Melodien der Seele entkielen.

Ein Summen, ein Wispern, sanft und zart
Trägt uns fort in unbekannte Landen
Wo Träume wie Regentropfen stranden
Und Erinnerungen weben zögernd abgelagert.

Jeder Ton ein Hauch von Ewigkeit
Verloren im Moment, doch nicht vergessen
In solchen Klangspielen lässt sich ermessen
Das Verborgene der innersten Zeit.

Die Seelenmusik, tief und rein
Erklingt in ferner, stiller Weite
Trägt uns durch Raum und Zeit bereit
Ein Frieden, der immerlich sein.

Nehmt diese Töne, lasst euch tragen
In Welten aus Melodien erdacht
Klangspiele, die zaubern in stiller Nacht
Wohin die Seele kann wagend.

Nebelschwaden und Schatten

Durch das Grau der Morgenstunden
Nebel ziehen, schwer und weise
Verschleiern die Welt ohne Verweise
In Schatten, die wir schwer nur finden.

Nebelschwaden, die Geheimnisse bergen
Im Dämmerlicht der frühen Zeit
Verweben Welten weit und breit
Ein Szenario, verständnisverzerrend.

Verloren in diesem Nebelmeer
Wo Schatten tanzen, Licht durchbricht
Verändert die Welt im Zwielicht
Eine Bühne, die Gedanken verkehr.

Reichtum an Rätseln in dieser Zeit
Zwischen Nebelschwaden und Schatten zart
Verschwimmen Grenzen, offenbart
Was Wirklichkeit und Traum vielleicht.

Hier, wo die Stille mächtig ruht
Erscheinen Schatten, Nebelschwaden rein
Ein Flüstern voller Geheimnisse im Verein
Ergründet einen Hauch von Mut.

Mystische Nebelreise

Die Nebelschwaden tanzen leis,
Verhüllen still des Waldes Kreis,
Ein Wispern durch die Bäume streicht,
Die Sehnsucht in den Herzen weicht.

Die Nacht umhüllt mit sternen Licht,
Ein Flüstern still - ein sanfter Blick,
Durch Dunkelheit die Reise führt,
Die Seele träumt, tief ungerührt.

Die Wege schweben schattenkraus,
Ein Zauberwald wie Märchenhaus,
Des Windes Hauch, ein leises Lied,
Der mystisch fremde Klang verzieht.

Ins Ungewisse steigt der Pfad,
Verborgen hier, kein Mensch mehr tat,
Im Nebelmeer beginnt die Fahrt,
Sank Mythenwelt in tiefer Tat.

Doch halt! Nun ist das Ende nah,
Der Nebel lüftet, Welt ist klar,
Zurück bleibt uns ein fahler Schein,
Ein Traum aus Nebel - stets allein.

Verflogene Schatten

In Dämmerung verfließt die Zeit,
Die Schatten zieh'n ins Dunkel weit,
Geborgenheit in sanfter Ruh,
Verweilt ein Augenblick nur du.

Die Schatten schnell verwehen bald,
Zerfließen in dem Sternenwald,
Ein Flügelschlag, so leise kaum,
Entflieht der Nacht - ein lichter Raum.

Das Gestern sinkt hinab zur Ruh,
Verflogene Schatten, keine Spur,
Die Nacht verhüllt das Zeitgescheh'n,
Ein leises Weh im Herzen wehn.

Der Mond, er wacht mit hellem Blick,
Ein Traumgestalt, so zart - ein Stück,
Der Schattenflug ins Dunkelmeer,
Verborgne Welten - heimlich schwer.

Doch wenn der Morgen wieder keimt,
Vergeh'n die Schatten, die wir träum -
Ein neues Licht, es bricht herein,
Die Nacht vergeht, zurück bleibt kein.

Nebel über dem Wasser

Ein Schleier zieht übers Wasser zart,
Verhüllt die Flut in Dämmerung tart,
Die Stille fällt, kein Laut verhallt,
Im Nebelmeer ein Zauberwald.

Ein Wellenschlag, so sanft und leise,
Die Seele träumt auf stillem Reise,
Die Nebel tanzen überm Meer,
Die Kälte webt ein leises Heer.

Die Dämmerung, sie küsst den See,
Ein Nebelschleier weiß und weh,
Verborgen ruht das Uferland,
Die Nacht umarmt die stille Hand.

Der Mond, er spiegelt silbern Licht,
Ein Funkeln zieht durchs Nebelicht,
Ein weißer Dunst, geheimnisvoll,
Die Nacht entfesselt Zeit im Moll.

Wenn Morgensonne strahlt empor,
Vergeht der Nebel leicht und sacht,
Ein Tag erwacht im neuen Chor,
Der Nebel flieht - in Morgenpracht.

Stumme Gefilde

In stummen Feldern schweigt die Zeit,
Ein Hauch von Ewigkeit bereit,
Die Bäume flüstern leis im Wind,
Ein Traum, der seinen Halt nicht find.

Das Mondlicht malt ein zartes Band,
Auf stummem Grund in weitem Land,
Die Schatten ziehen still dahin,
Ein Zauber ruht in tiefem Sinn.

Die Sterne funkeln klar und weit,
Sie weben Träume, unentweiht,
Die Stille spricht in leiser Nacht,
Ein Lied, das sanft im Herzen wacht.

Im stummen Feld fehlt jeder Klang,
Ein Ruf, der lautlos wohl verklang,
Die Winde tragen fernes Weh,
In tiefen Hallen - stiller See.

Doch zeigt sich bald des Morgens Licht,
Die Stille flieht, ein sanftes Licht,
Das Leben kehrt in voller Pracht,
Die stummen Felder sind erwacht.

Tanz der Dunstwesen

Leise flüstert der Wind, erfüllt von Magie,
Schleier gleiten sacht durch Nebel und Traum,
Geschöpfe, sie tanzen, in stiller Harmonie,
Verloren im Dunst, ein mystischer Raum.

Geflüster der Blätter, verborgen im Grau,
Unsichtbare Hände, die Strudel verflechten,
Ein Tanz, der erzählt, wunderbar und genau,
Von geheimen Geschichten, die Welten durchbrechen.

Kreise und Spiralen, im Schatten der Nacht,
Weht eine Melodie, durch die Nebelkristalle,
Ein Spiel aus Licht und Klängen, fein entfacht,
In endloser Stille, erfüllt von Schalle.

Schillernde Geister, im Nebel geboren,
Verweben das Schweigen, mit zaubrischen Weisen,
Ein Reigen der Wunder, zu ewig erkoren,
Verhüllt in Geheimnis, das Zeiten zerreißen.

Ein Tanz ohne Ziel, ein Traum ohne Ende,
Unsichtbare Pfade, in Welten so fern,
Doch spürbar und nah, wie zauberreiche Bände,
Erzählt uns der Dunst, von Liebe im Stern.

Zwielichtgeheimnisse

Zwischen Tag und Nacht, in schummrigem Schein,
Erwachen die Schatten, wo Dämmerung erstirbt,
Ein Flüstern der Flüsse, ein Wispern so fein,
Ein Geheimnis, das tief in den Zwielichten wirbt.

Verborgene Wege, im Lichtspiel versteckt,
Wo Schleier sich heben, enthüllt sich die Welt,
Ein Flügelschlag, der die Seele aufweckt,
Unbekannte Kräfte, in Dämmerung gestellt.

Die Farben verblassen, die Grenzen verschwimmen,
Ein Wispern von Geistern, so leise und kalt,
Wo Lichter sich biegen und Schatten verschwimmen,
Erzählt uns der Abend, von Geschichten so alt.

Das Dunkel wird greifbar, im schwindenden Licht,
Ein Tanz der Gespenster, in schummriger Ruh,
Ein Schauern der Sinne, gebannt im Gesicht,
Das Geheimnis des Zwielichts, ein mystisches Tu.

Ein Knistern, ein Funken, ein Hauch einer Spur,
Erweckt uns die Träume, die Dämmerung bringt,
Denn tief in der Stille, bei Nebel und Flur,
Liegt das Geheimnis, das leise erklingt.

Unwirkliche Landschaften

Fernse Greifen aus Licht und aus Stern,
In einer Welt, die die Zeit nicht berührt,
Ein Land, das den Sinnen so endlos fern,
In Farben gehüllt, von Wundern verführt.

Berge, die flüstern, von Träumen der Nacht,
Seltsame Wälder, in Schleiern versteckt,
Ein Fluss, der das Himmel und Erde verlacht,
Im Tanzen der Wellen, die Wirklichkeit weckt.

Kreaturen aus Seide, so durchsichtig fein,
Sie weben das Firmament, trunken im Spiel,
Schillernd und stumm fließen Schatten hinein,
In eine Welt, die von Träumen zu viel.

Ein Land ohne Grenzen, ein Raum ohne Band,
Wo Echos der Träume in Farben erblühn,
Unwirkliche Sphären, von keinem gekannt,
Verwoben in Nebeln, die Welten durchziehn.

Im Glanz der Verzauberung schweifen wir fort,
Und Augen erblicken das Zauberstück,
In den Landschaften, die leise und dort,
Fernab der Realität, in Wunder entrückt.

Märchenhafte Schlieren

In Nebeln verborgen, so blass und so sacht,
Weben die Träume, in Fäden aus Licht,
Ein Märchen gewoben, in schillernder Nacht,
Erscheinen die Schlieren, als zaubrisch Gedicht.

Schlieren von Farben, die wirbeln und dreh'n,
Wie Tänze im Wind, eine magische Spur,
Verborgene Welten, die leise entsteh'n,
Ein Flüstern von Zauber, in Nebel und Flur.

Gestalten, die tauchen aus Schleiern der Zeit,
Verweilen im Moment, so flüchtig und fern,
Ein Mosaik der Träume, aus Lichtdicht bereit,
In der Stille der Nacht, ein märchenhafter Stern.

Ein Säuseln der Winde, ein Wispern im Raum,
Schlieren verweben das Märchen so zart,
Ein Eintauchen in Träume, verschwommen und kaum,
Zu greifen die Bilder, die Seele bewahrt.

Märchen und Schlieren, so flüchtig und fein,
Verwebt in den Nebeln der träumerischen Nacht,
Ein Zauberreich, fernab vom Sonnenschein,
Erzählt von Schlieren, die Traumwirklich erwacht.

Milton Keynes UK
Ingram Content Group UK Ltd.
UKHW021653150624
444031UK00005BB/73